青少年播音主持艺术教程（三）

青少年有声语言艺术
系列教程

总顾问 黄会林 廖祥忠

主编 马谛 付晓洁
副主编 何光友 马诚

中国教育出版传媒集团

高等教育出版社·北京

总　序

　　欣闻马谛教授等人编著的"青少年有声语言艺术系列教程"（十二册）即将由高等教育出版社出版，我由衷地为他们感到高兴！

　　这套别具一格、清新雅致、内涵丰富且深厚的有声语言艺术系列教程的推出，具有重要的现实意义和学术价值。在我看来，诵读艺术尽管在我国有着较为漫长的历史传承和广大深厚的社会基础，但是它对于有声语言艺术的意义与价值的理解与推动，在现实中抑或在实际生活中却还是远远不足的。这套系列教程的推出，从教育的视角、从面向基层的视角，为我们打开了一扇新的窗户，搭建了一个新的平台，拓展了一种新的空间与可能性，它的推出具有重要的政治价值、社会价值、文化价值和艺术价值。第一，这套系列教程始终秉持社会主义核心价值观，并将社会主义核心价值观的内容诉求具体化为一个个具象可观的语言载体，通过有声语言不同类型、语料的组合，有效地传递出社会主义核心价值，传递出令人激奋的正能量，以自己独特的方式回应着新时代的政治诉求与中华民族核心价值的弘扬。第二，就其社会价值而言，该系列教程的推出从一个独特的视角，对现实生活中不同阶层的人们共同感兴趣的语料进行汇编，并通过这样的有声语言汇编来沟通社会不同阶层之间的关联，凝聚共同的社会认知和社会关注，因此，对于当代社会生活也具有非常重要的话题性意义。第三，从它的文化价值看，这套系列教程的推出，无论是以有声语言作为载体，还是作为一种手段都会对文化传承与创新产生重要的影响。有声语言本身就是文化的标识性符号，有声语言经典的传承对于文化传承具有至关重要的价值，同时，对于文化创新也具有奠基性的基础性价值。因此，不应忽略有声语言艺术对于文化传承与文化创新的重要作用。第四，就其艺术价值而言，有声语言艺术作为一种艺术样态，尽管也有绵延的传统，但是它与音乐、舞蹈、美术等其他重要的艺术门类相比，人们对于其作为艺术的认知度还远远不够。因此，这套系列教程的推出，对于发挥有声语言艺术作为公共艺术的价值将产生积极的推进作用，并且会极大地改变当代艺术、特别是公共艺术发展创新的格局和状态。

该系列教程的推出，不仅有着上述重要的政治、社会、文化和艺术的价值，同时在它的编创过程中，我们也明显地看到了它突出的创新性，这种创新体现为价值创新、理念创新与方式创新。从价值创新看，这套系列教程一改惯用的西式的口语传播理念，坚持以中华传统的核心价值观，尤其是当代社会主义核心价值观为旨趣和宗旨，将中国的从传统到当代的核心价值观汇聚到教程当中，让中华传统文明以及当代中国的文化创造，通过有声语言艺术表达充分地显现出来，而非简单地借助西方价值体系。从理念上看，这套系列教程不仅突破了传统的专业性的教育理念，而且更加突出了公共性的艺术教育理念。传统的有声语言艺术教育主要基于播音主持的专业训练，有一套较为完整的理论。而这套系列教程没有简单地重复传统的专业教育理论，而是从面向更多大众的、面向社会普通人群的非专业人士的有声语言艺术表达的需求，从公共艺术的视角来凝练、选取和展开其教育的进程。从方式创新看，这套系列教程没有从一般意义的有声语言传统的知识性的体系如字、词、句、章入手，而是在知识性基础上更融入了文化性的诉求，即将生活场景、社会场景和文化场景渗透到教程中，将有声语言的艺术表达与鲜活的生活、与变动着的社会、与我们中华独特的文化有机地结合在一起，从而避免了那种工具性的、简单的知识传递，具有一种更具人文性的教育价值。总之，这是一套面向大众、面向非专业、面向未来的全新的有声语言艺术教程。这套系列教程的推出，将是非专业领域有声语言艺术教育的一个重大突破。相信这套系列教程的推出，将对改变我们已有的有声语言艺术教育，特别是基础性的、青少年的有声语言艺术教育产生重大而深远的影响。

祝贺马谛教授这套有声语言艺术系列教程的推出，相信这套系列教程一定会在中国未来的文化传承与创新以及公共艺术教育的蓬勃发展中扮演积极而重要的角色。

2023 年 8 月 6 日

前　言

　　文化是一个国家、一个民族的灵魂。文化作为一种精神力量，能够在人们认识世界、改造世界的过程中转化为物质力量，对社会发展产生深刻的影响。一个民族，只有物质和精神都富有，才能自尊、自信、自强地屹立于世界民族之林。所以，文化自信是一个国家、一个民族发展中更基本、更深沉、更持久的力量。在我国大力推动中华优秀传统文化创造性转化、创新性发展的历史进程中，积极弘扬传统文化，发展社会主义先进文化，对于提升我国青少年的综合素养，培育青少年的社会主义核心价值观及正确的人生理想，至关重要——这正是我们编写这套"青少年有声语言艺术系列教程"所秉持的宗旨。

　　为贯彻落实中共中央办公厅、国务院办公厅在《关于实施中华优秀传统文化传承发展工程的意见》中提出的要求，教育部、国家语委研究制定了《中华经典诵读工程实施方案》。中国传媒大学专家指导团队与北京第二外国语学院附属中学联合启动了"读起来"专项培训计划。不仅在二外附中的小学、初中、高中学生中开展了"口语表达""播音主持""诗文诵读"等课外辅导活动，也在中小学教师中进行了"有声语言艺术表达"等专题讲座，累计培训师生达9000人次，受到了师生们的普遍欢迎。这套"青少年有声语言艺术系列教程"的编写，是在实施"读起来"专项培训计划的基础上，对青少年有声语言艺术教育的理论探索与成果总结；是对中华经典诵读工程的深入贯彻，通过一系列不同学段的中华经典分级读本，挖掘与诠释中华经典文化的内涵及现实意义，引领广大青少年更好地熟悉诗词歌赋、亲近中华经典。

我们认为，从儿童学龄期开始，对其进行"读""说""讲""诵"能力的培养，将有助于儿童突破内、外部言语转换的屏障，强化儿童与他人沟通交流的言语能力，激发学习的兴趣和热情，使他们的学习由被动接受转为主动体验。让青少年在祖国经典文化的滋养下，学习并传承中华优秀传统文化，在提升自身语言艺术素养的同时建立民族文化自信。

本套"青少年有声语言艺术系列教程"有以下几个特点。

第一是系统性。本系列教程包含《青少年经典诵读艺术教程》《青少年口语表达艺术教程》和《青少年播音主持艺术教程》共三套十二册（每套四册），内容覆盖小学、初中、高中各个阶段。这三套内容不同、体例各异的教程是我们在对有声语言艺术教育进行学理性梳理的基础上，结合教学实践编创的一整套既相对独立、自成单元，又相互联系、相互配合的体系化的教程。

第二是层级性。为了适应7—18岁的儿童及青少年在不同生理发育和心智成长阶段的不同学习需求，遵循由浅入深、循序渐进的教育思想，有针对性地将每套教程分为与7—9岁、10—12岁、13—15岁、16—18岁四个年龄段相对应的四册书，内容编排上由简到繁、由易到难，体量规划上由少到多、由短到长，训练要求上由低到高、由单一到多样的编创思路，以期收到更为理想的教学效果。

第三是丰富性。首先，本系列教程在内容选取上既有绕口令、古诗文、成语故事等经典诵读的内容，也有解说、配音、播音、主持等专业技能的讲解，还有增进人际交往、交流、沟通的口语表达的训练，点多面广，内涵丰富；其次，本系列教程在体例设计上不拘一格，既有读、说、讲、诵，也有听、画、做、演，使学习者在用脑、

10

用心、用声、用体的同时，全方位地唤醒并开发自己的感、知觉器官；最后，为了配合教学，方便学习者随时收听、反复练习，本系列教程不仅有为300篇范文录制的300个音频，而且还有为使教程生动有趣而专门编绘的漫画和小动图制作等创新教学手段的使用，充分体现出本系列教程丰富而独特的编创风格。

第四是实用性。本系列教程始终坚持"从教学中来，到教学中去"的编创原则，无论是在教学内容的编选、实例的选用上，还是在体例的设计、课时的安排（每册十六课，每周一课，十六周十六课，便于与现行学期教学规划同步）上，尽可能地做到实用、好用、耐用，有利于师生的教与学。

在"青少年有声语言艺术系列教程"的编创过程中，尽管参编人员不辞辛劳地搜集、阅读、整理了大量文献资料，并且在教学中通过调查问卷适时听取学生的反馈，及时分析教学效果、调整教学方案、改进教学方法等，但是，由于时间仓促，参考资料有限，教程中的不周之处在所难免，希望有关专家、学者和广大读者对此提出宝贵意见，以便我们日后不断修订、完善。

编　者

2023 年 9 月

目　录

第一单元

初闻校园广播

第二单元

快乐的实习生

第三单元 播音真的很难吗？

第四单元

运动会上显身手

人 物 表

（人物按出场顺序排列）

窦童，男，第二十七中学初中部一年级学生。声音明亮悦耳，口齿伶俐，模仿能力强。性格活泼好动，勤于思考，好奇心强，喜欢钻研，爱说爱笑，是一个典型的阳光男孩。

陈思杰，男，第二十七中学初中部一年级学生。小学时就获得过区演讲比赛冠军。初中入学时曾代表新生发言，语言表达能力在初中一年级的同学中算比较好的，但是他自己仍然不太满意。他是窦童既佩服又想要超越的人。

李铮，男，第二十七中学初中部二年级学生。声音沉稳大气、有磁性，是校广播台播音部部长。平时看起来一本正经、不好接近，但是交往起来还是比较通情达理的。他波澜不惊的外表下隐藏着一颗热血的心。

谷佳佳，女，第二十七中学初中部二年级学生。窦童的学姐，校广播台《生活管家》节目的主持人。声音温柔动听，宛如其人。她很会照顾人，就像邻家大姐姐一样能给人安全感。

2

　　于晨，男，第二十七中学初中部二年级学生。校广播站《开心时刻》节目的主持人。他性格开朗幽默，语言天赋极高，会说多种方言。他从小喜欢相声，希望成为一名专业相声演员。

　　高嘉妮，女，第二十七中学初中部二年级学生。校广播站《文学驿站》节目的主持人。娇小可爱，声音像银铃一般。虽然年龄偏小，但是心智发育成熟。她在班里担任心理委员，擅长帮助他人排解烦恼。

张元樱，女，第二十七中学初中部二年级学生。校广播台《音乐工厂》节目的主持人。性格直爽，打扮时尚，英语十分流利。外表楚楚动人，声音很英气，干脆利落。她从小学习钢琴，热爱音乐，对国内外流行音乐歌手如数家珍。

杨昊，男，第二十七中学初中部一年级学生。窦童的同桌，喜欢和窦童插科打诨、谈天说地，是窦童的好哥们儿。

4

第 一 单 元

初闻校园广播

○ 教学目标——本单元将聚焦校园广播台的工作实操,让学生初步了解广播、电视的工作内容、性质、原理、特征以及组织架构、部门设置、人员分工、规章制度等

第 一 课

空中飘来的声音

○ 教学目标——了解广播电视的工作原理

故事屋

　　立秋已有一段时间，但夏日酷暑的余威久久不散。早上七点刚过，阳光已经有些刺眼了。穿过树叶的光线投在地面上，粼粼闪光，为古朴的二十七中校园增添了几分甜美和温馨。这时，一阵急促的脚步踩碎了光影的界线，身穿白色短袖衬衫、藏青条纹裤子的窦童急匆匆地跑向教学楼。在上课铃响前一分钟，他终于冲进了教室。"厉害啊，窦童！时间掐得这么准！"同桌笑着递给他一张纸巾，示意他擦擦汗。"哎呀，我们家离

9

得近，总想着走两步就能到，所以就拖到最后才出门。不过再晚一点儿真就迟到了！"窦童心虚地笑了笑，接过同桌递来的纸巾。"迟什么到啊，离上课还有半个多小时呢！要不是因为搭我爸的顺风车，我现在还在家吃早饭呢……"同桌不以为然地说。

"叮……"一阵清脆的铃声打断了两人的交谈。接着，一段舒缓的音乐开始在教室里回荡。随着音乐声响起，窦童的眼睛盯住了黑板上方天花板里的一个音箱。音乐声渐渐变弱，一个女生的声音响起："各位老师和同学，大家早上好！欢迎你们收听校园广播台的节目。今天是9月12日星期三，我先为大家播报一下今天的天气情况……"声音轻柔悦耳，像夏日里的一股清泉，沁人心脾。窦童沉浸其中，杨昊也觉得这个女生的声音真好听。不过他更好奇她的声音是怎么从音箱里传出来的。正式上课前，校园广播结束了。尽管窦童不知怎么回答杨昊提出的问题，但是杨昊的问题确实引起了窦童的兴趣。是啊，每次听广播、看电视，总是被节目内容吸引，从来没想过广播电视里的声音的秘密。

梦想树

音箱里的声音的秘密，窦童曾经有无数种想象：也许每个音箱里都有一部手机，播音员就在某一个地方给音箱打电话？也许学校广播站的女主持人一边说话一边走在上学路上？也许音箱后边有一根线，线的另一端串着一个一次性纸杯，就像纸杯电话的科学实验那样？也许音箱里的声音根本就不是人发出的，而是老师办公室里的某一台电脑？……想着想着，窦童睡着了。

他梦到自己回到了教室，刹那间，他被吸到了音箱里。他的周围布满了电线，线上有大大小小、星星点点的闪光。这些光点不停地流动，打在一张黑色的膜上，光点越大，膜的振动就越强烈。窦童迎着光走着，走过一条黑暗的隧道，又穿过一座金属塔林，发现了光源——一片振动的透明的薄膜。当他想去触摸薄膜时，刺耳的闹铃响了起来，他揉揉眼睛，准备起床了。

知识塔

你听说过"声波"吗？它就像石头扔进水里产生的波纹一样。物体发声时会使空气振动产生波纹，这就叫"声波"。声波是看不见的，但是能被感觉到。声波在扩散过程中碰到物体会使物体振动。当声波"碰到"麦克风时，声波就会被麦克风记录下来。这些被记录下的声波信号会变成电信信号传给放大装置。当经过放大的电信信号被传输进音箱时，音箱又会把电信信号还原为声波信号。这时，音箱里出来的声音已经不是波纹了，而是能在空气中传播的声音了。

拓展练习

1. 使用任意一部手机录制一段声音。在录制过程中，变换现场环境，观察并记录录音文件中声波的形状变化。

2. 五人一组，使用任意录音设备录制同一篇课文，观察每个同学的录音文件中声波的形状变化。挑选出读得最好的同学的录音文件，分析其声波形状的变化。

3. 你喜欢学校的校园广播吗？为什么？

第 二 课

忐 忑 不 安 的 面 试

○ 教学目标——认识校园广播台的工作性质和工作内容

故事屋

周一，窦童照常在早上六点四十分离开家，踩着七点二十分的铃声走进了教室。今天，校园广播里传出了一个男生的声音。虽然不像那位女生的声音那样明亮悦耳，但是他的语言不急不缓、条理清晰，有点低沉的声音像一块儿磁铁一般，很有吸引力，一下就钻进听者的耳朵。广播结束后，窦童刚准备拿出第一节课要用的课本，音箱里又传来了一个成熟的声音："各位同学，学校广播台计划于近期招收新播音员和主持人，请有

14

特长、感兴趣的同学到三号楼六层东南角校园广播台办公室报名。"听了这段话，窦童顿时兴奋起来，他感觉有一颗核弹在脑袋里引爆了。自入学第一天起，每当听到校园广播台的广播，他脑子里都会想象出自己的声音从音箱里传出来的各种美妙情景。没想到初中生活开始还不到一个月，梦想中的世界就为他打开了一扇门。他心花怒放，满心期待。

面试那天，所有备考的同学都在广播台会议室里等候着。窦童的手脚有些发颤，他也分不清是因为天气变冷了，还是心情太紧张。这时，一个长相清秀、衣着整洁的男生走出了面试办公室，他关门的时候还向屋内稍稍领首。这个男生引起了同学们一阵窃窃私语。窦童认得他，他叫陈思杰，开学典礼时，是他代表新生发言。听说陈思杰小学就获得过区演讲比赛第一名。"这么厉害的人都来面试，看来竞争还挺激烈啊！"窦童心里犯起了嘀咕。终于轮到窦童面试了，他深深地吸了一口气，打开了眼前这扇看似普通却胜似千

16

斤的门。

办公室里有十几或二十几个人坐在一排桌子的后面，窦童已经没有心思去数人数了，正视前方是他目前唯一能自主完成的动作。站定后，他看清楚了，对面桌前坐在中间的是广播站指导老师王老师。王老师问道："16号，窦童，是吧？又一个报播音的。好，请你在自我介绍之后读一篇自备的文章。"窦童按照要求做了，出人意料的是，窦童读完文章后，办公室里还零星地响起了掌声。在等候时，窦童没听见办公室里传出掌声，他顿时心里松了一口气。

梦想树

结束面试的窦童，反复想着刚才的问答。"同学，请问你为什么要加入广播台？你能说一说广播台主要是干什么的吗？为什么要报播音？如果播音部没有录取你，请问你考虑其他部门吗？"窦童觉得这个声音很耳熟，但一连串的问题让他无暇多想，几乎是条件反射就开了口："我很喜欢听学校广播台的节目，为了听广播我每天七点二十分以前就到学校了。我从小就喜欢朗读，喜欢好听的声音。我觉得广播台就是要给大家展示好听的声音，我很羡慕学长学姐们的声音。"这时他发现，王老师和旁边两个同学的表情都有些不自然。窦童接着说："我特别想做播音工作，其他还有什么部门我没太注意……我觉得广播台不管什么部门一定都需要好声音吧？如果去了别的部门，我也会好好学习的。"窦童觉得自己这么说应该没有大纰漏。可他万万没想到的是，听了他的回答，学长学姐们的表情不仅不自然，甚至还有点生气，问话的学长也皱起了眉头。

知识塔　　广播电台、电视台作为传媒机构，其工作任务主要是传递信息。校园广播台不仅要及时发布学校的最新动态和政策，也要通过介绍国内外教育的发展，拓宽同学们的眼界，增进校园文化氛围，助力老师、学生的工作与生活。

广播电视工作既是一项专业性很强的工作，也是一项强调合作精神的工作。在节目主持人的背后都有一群幕后人员在任劳任怨地工作。任何一个节目都是包含了采访、编辑、策划、主持等多项工作的结晶体。各个工种只有通力合作，才能完成好节目制作。在这个过程中，所有的工作都很重要，没有高下之分，缺一不可。

拓展练习　　1. 你参加过面试吗？若有，请分享一下你面试的经历。

2. 你喜欢播音工作吗？你有过播音的经历吗？你认为校园广播台播音员应该具备哪些条件？

3. 尝试为校园广播台写一份招新启事。

第 三 课

机 器 与 螺 丝 钉

○ 教学目标——了解广播台的部门设置及工作内容

故事屋

　　周四一早，窦童刚刚走到校门口就碰到了一张熟悉的面孔——那位瘦高且文质彬彬的学长。就是因为他那天的"夺命四连问"让窦童在面试中乱了阵脚，窦童的播音员之路也由此变得扑朔迷离起来。窦童虽然不知道这位学长的名字，但对他的印象深刻。此时，窦童心想：不打招呼似乎有点没礼貌，但是要打招呼却不知道人家名字恐怕更失礼。于是，窦童打算走快一点。没想到，还没走几步就被学长追上了。"你好，窦童！我

叫李铮。那天广播台面试是我给你提的问，还记得吗？"窦童有点尴尬地点了点头，心想：那天的面试，想忘也忘不了啊。李铮接着说："明天就要公布结果了，既然今天碰到你了，我就先跟你说了吧。恭喜你被播音部录取了！以后咱们要相互支持啊！"窦童这一刻心都快跳出来了，他想跳起来欢呼。可是当着学长的面他还是憋住了，情不自禁地说了一句："谢谢铮哥！我一定好好干！"李铮拍了拍窦童的肩膀说："其实，录取你还是有一点波折的。你在问答环节的表现让我们担心你今后可能在团队合作方面会有问题。你进来以后除了播音工作之外，其他工作也要多了解才行。广播台现在分为播音部、采编部、制作部还有新媒体部。每个部的工作都有自己的专业特点，缺了哪个部都不行。播音员、主持人是节目制作的最后环节，也是直接把控节目播出效果的环节。你必须了解节目前期的工作，才有可能完成好最后这个环节的工作。"窦童一边认真听，一边回忆自己面试时说的话，他觉得自己简直太

21

无知了。

不过，学长的话也让窦童心里产生了疑问：既然我那天面试的回答有些问题，为什么最后还录取我了呢？不知道是猜出了窦童的疑惑，还是原本就打算解释一番，李铮微笑着说："其实我家离你家不远，你每天很早就出门了，对不对？我经常看见你在河边练习绕口令，看得出来，你还真挺喜欢播音的。"窦童没跟任何人说过自己上学前的这个"秘密"，没想到竟然被李铮看在眼里，看来真是"功夫不负苦心人"啊！这时，早自习的铃声响了，广播台的音乐声又充满了整个校园。窦童今天听到的音乐似乎与往日不一样了。

梦想树

梦中的窦童身处一个纯白的空间，突然传来一阵嘈杂的声音。他抬头一看，一个一人高的圆盘从空中缓缓降落。随着圆盘的下降，窦童逐渐看清了这个物体的全貌——一个巨大的表盘，上边的时针、分针、秒针还在走着。表盘停在窦童面前，他可以清楚地看到银色的指针下边是一圈中空的黑色表盘，上边镶嵌着12个钻石刻度，个个闪耀着炫目的光芒，美极了。更有趣的是，表盘中空的部分可以看到大小不一的金色齿轮交错转动，精密地咬合在一起。窦童刚一伸手触碰金色齿轮，没想到一个小齿轮就脱落了。这下，指针也不转了，钻石的光芒瞬间就暗淡了。

知识塔

虽然一个节目最后站在台前的往往只有主持人和嘉宾，但是事实上，一个节目需要很多幕后人员齐心协力才能完成。就像人们看表时往往只会注意指针的运动，但是，如果没有各种齿轮在背后推动指针转动的话，那指针也就只是一个摆设。二十七中的广播台为了给更多的同学提供锻炼机会，在分工上比较细致。除了播音部之外，还有采编部和制作部。其中，采编部的人最多。采编部的编辑、记者会采集、撰写、拍摄各种校园新闻，对老师和学生进行专访，编辑各种资讯等。可以说，没有采编部，播音工作就成了无源之水。制作部负责剪辑、制作采编部和播音部完成的音、视频素材。他们不仅要熟练运用电脑上的编辑软件，还要在社交平台上宣传、发布节目，把节目上传到网络上。如果说，一个部门是一台机器的话，那么，部门里的每一个人都是这台机器上的一颗螺丝钉。

拓展练习

1. 在网络上任意选看一期中央广播电视总台《走遍中国》节目。根据节目的片尾填写下面这张"节目制作人员表"，并上网查找各个职位的工作内容。

节目制作人员表	
节目名称	
播出日期	
正 / 副制片人	
主编	
策划	
编导	
摄像	
责任编辑	
解说	
音乐编辑	
制片	
栏目推广	
后期视频编辑	
后期视频监制	
技术监制	
监制	
总监制	

2. 三个人一组，轮流担任摄像、主持人、提词者，拍摄三段1分钟内的视频，内容自拟。

（注：手机准备好拍摄。提词者找一张白纸，把主持人要说的内容写在上面，然后把纸举在镜头旁边提示主持人。拍摄要一次完成，中途不要停机。）

24

第 二 单 元

快乐的实习生

○ 教学目标——二十七中校园广播台规定，刚入台的新人都要经过一段实习期，然后才能正式上岗。窦童进入校园广播台之后，除了认真学习台里的各项规章制度之外，还定期到各个部门实习，了解各个部门的工作流程，参与各个工种的实际操作。窦童感到每天都有很多新的收获。

本单元将通过讲述窦童参与校园广播台各种实践活动的故事，让学生了解广播台各部门各工种的工作要求及节目制作流程

第 一 课

步 步 惊 心 的 "游 乐 园"

○ 教学目标——了解校园广播台的规章制度、工作程序及
  相关专业设备

故事屋

　　今天，校园广播台召开本学年的第一次全体
会议。这次会议的主要目的是迎接新加入的同学
们。这一学年，广播台共招收30名新人，加上
原先的"老人"，一共60多人把会议室坐得满满
当当。每个新人一两句自我介绍就花了一个多小
时。之后，王老师开始介绍学校广播台的规章制
度。窦童原以为一定会是一番长篇大论，没想到
王老师刚说了几句话就起身招呼大家往外走。原

来王老师是要带大家参观广播台，一边现场参观，一边讲解。窦童边走边听边看，这才知道原来广播台有很多不同功能的房间。

王老师先领着大家来到了一个办公室格子间。每个小格子间的桌子上都放着一台电脑，一共有8台。其中有两台吸引了窦童的注意。这两台电脑的屏幕明显大了很多，看上去做工非常考究。王老师介绍说："这里是制作部、采编人员编辑稿件和剪辑音、视频的地方。所有的稿件写完后必须让我看了才能发布，决不能私自发布哦。具体审稿流程你们的学长学姐会指导你们。"然后，他指着电脑说："这些电脑都是公共资产，一定要特别小心爱护。尤其是里边那两台大电脑，价格很昂贵。总之，在这里工作一定要轻手轻脚，不能打闹和大声喧哗。之前还要求穿鞋套才能进，现在不用了，但一定要注意保持卫生，不能把吃的东西带进来，水杯要放在门口的柜子上。"同学们一边点头一边退了出来，好像在这间屋里连呼吸都会损坏机器似的。

接着，王老师带大家来到一扇防盗门前。这道门在教室其他木门的衬托下，格外显眼，有一种鹤立鸡群的感觉。王老师没有打开它，只是停在门口对同学们说："这里是摄像机、照相机、录音机等专业设备，每一件价格都是几千上万的。采编部的同学有机会接触并使用它们，但是需要严格的报批程序。"接下来，窦童跟着大队人马来到了他梦寐以求的神秘房间——广播室。这是一个4平方米的小房间，左边靠墙的桌子上放着一台电脑、两个麦克风和一个黑色的大盒子。盒子上有很多按钮、旋钮还有数不清的线延伸出来连接到墙角的金属柜子里。王老师郑重其事地对同学们说："这里就是广播室，播音部的同学们务必学会使用这里的所有设备。这些设备比较复杂，一旦按错哪个按钮或少开哪个开关或碰松哪个接头都可能导致广播没有声音。空播可是大事故，是要受处罚的！"窦童听完这话有点心慌，一时间没回过神来，以至于后边两个房间的介绍他都没听清楚讲的是什么。

梦想树

这天晚上，窦童睡得很不好，断断续续做了好几个梦。

第一个梦，他正在广播室非常投入地播读一篇稿件。突然，窗外的喇叭没了声音，不管他怎么鼓捣电脑和那个大盒子都没法弄出声音来……这突如其来的静谧像一只手捏住了他的心脏，把他吓出一身冷汗。

第二个梦，他梦到了小时候经常听的"狼来了"的故事的场景。他成了村民中的一员，当听到那个孩子第三次说"狼来了！"的时候，他和其他人一样嗤之以鼻。然而，狼真的找上了那个孩子。

第三个梦，他身处教室，广播里是一个细腻的女声正在朗读一篇散文。窦童沉浸其中，感觉美不胜收。文章读完了，广播声也逐渐弱了下来，窦童伸手打算从书包里拿出上课用的书，可他摸了半天都没摸到书包，低头一看，原本放书包的地方空空如也。窦童急得抓耳挠腮，正当他打算把课桌翻个底朝天时，喇叭里发出了声音："初一（6）班的窦童同学，你的书包掉在了校门口，现在已送到传达室，请速去领取。"窦童听见这句话就好像在海里溺水时突然抓住了一个救生圈一样，长出一口气，跑出了教室。

知识塔

校园广播台是窦童和很多喜欢广播电视的同学梦想起飞的地方。的确，在这里，大家可以与师生们分享校园生活的喜、怒、哀、乐，在提升采、

33

编、播能力的同时陶冶情操、培养情怀。广播台的工作充满了新鲜、刺激和挑战，就像游乐园一样。然而，在实际工作中同学们必须保持严肃认真的态度，因为你手中的麦克风、笔杆被赋予了巨大的力量，能力越强责任也就越大。稍有不慎就会让很多人的心血付之东流。因此，同学们要有充分的思想准备和高度的觉悟。

拓展练习

1．了解并学习调音台、麦克风的基本知识。

2．了解简单的音频剪辑软件（如Adobe Audition、GoldWave、Cubase等）及其使用方法。（可选）

第 二 课

听 着 容 易 做 着 难

○ 教学目标——认识不同类型的广播电视节目

故事屋

窦童陷入了莫大的纠结之中。他盯着摆在面前的这张普通的A4纸,眉头皱成一团。如果目光有热量,这张纸早就化成灰了。播音部部长李铮从窦童身边走过,拍了一下他,问:"怎么样,想好了吗?"窦童被李铮的声音拉回到了现实。李铮看见窦童一脸迷茫的样子,知道这个学弟是一个重度选择恐惧症"患者"。于是,他走上讲台对15名新招的播音员说:"大家慎重对待志愿填报的态度是对的,不过也不要把事情想得很严

35

重。毕竟你们什么节目都没做过，之后如果发现现在选的节目不太适合自己也是可以再调整的。"听组长这么一说，大家松了一口气，陆续把节目分组名单交了上来。窦童还是没有完全想好，从小他就不喜欢做选择。就像小时候报兴趣班一样，别的小朋友不报是因为懒，他是因为兴趣太多什么都想报，反而无法选择了。窦童甩了甩头，在最后的"服从调剂"那一栏打了勾。窦童心想："反正哪个节目都是从头开始学，分到哪儿都好好学呗！"抱着这样的态度，窦童终于把那张让他烦恼的"答卷"交到李铮手里。

附：二十七中校园广播台节目播出时间表（秋冬作息）

日期	早晨 7：20— 7：50	中午 12：50— 13：20	负责人	成员
周一	新闻早知道	知识海洋	李铮	陈思杰、黄薇、张彤
周二	新闻早知道	文学驿站	高嘉妮	徐天佑、刘太隆、王念念
周三	新闻早知道	开心时刻	于晨	张琦、齐丹阳、臧远唯
周四	新闻早知道	生活管家	谷佳佳	窦童、王泽群、任玉安
周五	新闻早知道	音乐工厂	张元樱	王璐、冯晓鹏、邢博

梦想树	这天晚上，窦童在梦里参加了一场宴会。在门口迎接他的是一个年纪与妈妈相仿、身穿围裙、面带微笑的阿姨，她一张嘴，一股和蔼的春风就扑面而来，让人感觉像和家人聊天一样，特别亲切。进门后，窦童环顾四周，发现这个房间就是自己的教室，只不过布置得完全不一样了！讲台上的黑板和桌子不见了踪影，取而代之的是一大块闪着彩光的 LED 屏幕，两个大音箱分列左右，中间站着一个打扮得很时尚的小姐姐。她一会儿弹弹吉他，一会儿拉拉小提琴，各种乐器都信手拈来。教室里的桌椅也都不见了，中间有一块区域散落着许多试管、烧杯。一个穿白大褂、戴着老花镜的爷爷被试管和一堆书围绕着，嘴里还一直在念叨着什么。在教室的一个角落，一位身着职业装、妆容精致的女性正和一个穿着大褂的寸头圆脸男人攀谈，两人不时发出爽朗的笑声。
	窦童四处张望。这时门开了，一位穿着黑色西装、戴一副黑框眼镜、头发梳得锃光瓦亮的男青年走了进来。他走到窦童面前，不急不慢地打了个招呼，然后走到窗边去看外边的风景了。窦童觉得今晚和这几个人相处一定会很有趣。
知识塔	广播电视节目一般分为新闻类节目、教育类节目、文艺类节目和服务类节目四种类型。新闻节目是电台、电视台的主干节目，内容包括国内外发生的所有新闻事件。形式上有消息播报、现场报道、专题报道及新闻评论等。教育节目主要分为教学节目和社会教育节目。教学节目指系统传授文化知识以及各种知识讲座等节目。社会教育节目一

般包括理论节目、法制节目、科学知识节目、国际知识节目及特定对象节目等；文艺节目主要包括小说连续广播、长篇评书、综艺晚会、综艺节目、各种专题文艺节目、广播剧、电视剧等；服务节目主要指直接为受众服务的具有较强实用性的广播电视节目。如涉及人们日常生活的健康保健、旅游、购物、气象、交通等衣、食、住、行方面的资讯节目，都属于服务节目。

拓展练习

1. 你平时喜欢收听/收看哪一类节目？请完整记录一档你最喜欢的节目。包括节目名称、节目类型、节目大致内容、节目时长、节目主持人以及对主持人的评价。

2. 发挥你的创意，结合你收听的节目，策划一档广播节目，填写下面的节目策划书表格。三人一组，介绍自己的节目创意并互相点评其他两人的节目创意，指出对方的优点和不足。

节目名称	
节目时长	
节目构思与宗旨	
节目类别	
播出方式和时段	
内容设计	

主持人要求	
其他备注	

第 三 课

工 欲 善 其 事　　必 先 利 其 器

○ 教学目标——介绍广播节目稿件编排的基本方法及节目
主持的准备

故事屋

　　在校园广播台实习的这段时间，窦童非常用心，该记的他绝不偷懒，不懂的地方马上就问，学长学姐们都在背地里夸他，认为他是进步最大的一个。窦童不仅了解了校园广播台的工作内容、工作要求、工作流程等，还参与制作了三个节目。他能将广播台的规章制度记得滚瓜烂熟，甚至可以倒背如流，令广播台的所有人刮目相看！

　　今天，窦童没有在教室听广播，而是在广播

41

42

室现场观摩谷佳佳学姐的播音。12:30,《生活管家》节目组的四位主播齐聚广播室，准备播音。窦童看着放在台子上那支金灿灿的麦克风，心里像有只蚂蚁在爬——痒得不行。他不禁感叹："唉，世界上最遥远的距离不是生与死，而是你在我面前我却不能使用你！"这时，窦童故意摆出要去拿麦克风但好像有人拽着他不让他碰的姿势，谷佳佳和其他两个同学都被他逗得"咯咯"笑了起来。窦童想，这要是李铮学长，估计会嘴角上扬一下，然后马上憋住，批评我没有耐心。但是佳佳学姐却不一样，她特别平易近人。既不像李铮学长那样礼貌而矜持，也不像张元樱学姐和于晨学长那样轻松活泼。佳佳学姐就像隔壁邻居家能够带着孩子们一起玩，还能把大家都照顾得特别好的大姐姐。

谷佳佳平复了一下心情，对三位学弟学妹说："大家不要着急，咱们得一步一步慢慢来！其实我也希望你们能一起上节目，现在我一个人播半个小时还真是有点累呢。"接着，谷佳佳从

43

书包里拿出一沓打印好的纸，分成四份，自己留了一份，其余三份分给了三位学弟学妹，说："想上节目首先要学会这个。早晨新闻节目的稿子采编部的同学会帮我们编辑，但中午的节目需要我们自己编稿。以后咱们分为两组，一组上节目，一组编稿，第二周再轮换。你们手上拿的是我编的今天的稿子，大家可以依葫芦画瓢回去试着编一期。"窦童拿着这几张纸，感觉就像拿到了后台参观券，并且凭着这张券还能跟演员合影呢！他跃跃欲试，决定要认真策划一番。

梦想树   在窦童最初的认知里，播音员都是要把稿子背下来，然后再流利地播读出来。不然，播新闻的时候眼睛怎么能一直盯着前面而不看桌面上的纸呢？仅这一点，窦童对播音部的学长学姐们就充满了敬佩之情。加入播音部让他又高兴又害怕。他担心自己不能很快把稿子全都背下来，因为平时他背一篇短课文都要花上一段时间，不停地说30分钟，那文字量得多大啊！窦童甚至在想：是不是有一种机器可以把文字稿件直接输入人脑里呢？无论怎样，窦童想：既然那么多同学进了广播台都能顺利播完节目，那我应该也可以。相信学长学姐一定会传授给我一些速记的妙招！这样，以后背课文不就简单了嘛！

知识塔

有的资深节目主持人在准备节目时只需要在纸上写一些关键词和大致流程，就能轻松串联整个节目。但是，对于新手而言，写出完整的节目构想、主持内容是十分重要的。也就是说，新手把节目中准备说的话写在纸上，这是最保险的做法。否则，缺少经验、内心紧张，或者现场出现意外等情况，都会导致主持人一时思路混乱，中断话语，使节目出现空白，造成播出事故。

广播节目稿件编排通常是根据不同的节目内容和时长来定的。以新闻节目为例，要先对最近发生的新闻进行筛选，然后将其排序。一般而言，首先是国家大事，其次是社会热点事件，最后是简明新闻。在节目中，以播音员播新闻为主，中间可以穿插记者的录音报道和同期声。

拓展练习

下面是谷佳佳编辑的《生活管家》稿件，请你根据这个模板完成以下作业：

1. 请你参照以下稿件再编一期《生活管家》节目。

2. 请你将以下稿件内容改为双人谈话式的主持稿件，注意体现两人之间的交流感。

《生活管家》直播稿

【音频：节目片头】

生活大管家，实用一整天。老师和同学们，大家好！您现在收听的是《生活管家》！我是主持人＿＿＿＿＿，每周周四中午我在这里为您服务！

45

【音频：生活气象片花】

首先我们来关注一下最近的天气情况。

根据中国天气网报道，预计本周冷空气将是北方天气舞台的主角。在冷空气的影响下，北方多地气温一降再降，局地降温将达8℃。同时，内蒙古、黑龙江等地降雪天气将持续，局地有暴雪。南方昼夜温差加大，早晚凉意十足，好在雨水暂歇，将迎来阳光。

我们马上就要迎来一年中的第十八个节气——霜降。霜降在每年阳历10月23日前后，这一节气的到来表示天气更冷了，露水凝结成霜。霜降之后气温会逐渐降低，请各位老师和同学注意增添衣物，预防感冒。接下来，我们来欣赏歌曲《大约在冬季》。

【歌曲《大约在冬季》】

【音频：生活小妙招单元片花】

生活大管家，实用一整天。老师和同学们，大家好！您现在收听的是《生活管家》！我是主持人_____，欢迎回来，接下来我们进入生活小妙招单元！

无论是工作还是学习，一个干净整洁的书桌都能够使人心情更舒畅，注意力更集中，学习效率更高。然而，不少同学抱怨平时学习忙，没多少时间整理书桌。殊不知杂乱的桌面不仅会降低学习效率，还可能使心情变得抑郁。今天，我们教大家几个简单易行的收拾书桌小方法，短短几分钟还你一个整洁的桌面和一份舒畅的心情。

1．书桌物品分门别类

整理桌面的第一步是将书桌上的物品进行分类整理。最常见的分类方式是根据物品是否常用进行分类。分类之后将常用物品放置在容易取放的地方，非常用物品则可以放在抽屉、收纳盒里。

2．利用好书架、收纳盒

收拾书桌的关键是让物品摆放得更规律。因此，桌面上现有的工具如书架、收纳盒、抽屉等，可以帮助你有效收拾书桌上的不规则形状物品。在收拾书桌的时候，可以将体积较大的书本整齐摆放在书架上。文具类的物品，尽量选择放入笔筒或是文具盒里。一些常用却会使桌面显得杂乱的物品，建议放入收纳盒。

怎么样，大家学会了吗？接下来送给大家一首《冬天快乐》，祝大家在寒冷的天气里也有个好心情。

【歌曲《冬天快乐》】

【音频：健康单元片花】

生活大管家，实用一整天。老师和同学们大家好！您现在收听的是《生活管家》！我是主持人＿＿＿＿，欢迎回来，接下来我们进入健康单元！

生命在于运动。运动的益处不必多言。但是错误的运动方式会给身体健康带来损害。接下来，我们就来关注一下冬天运动时的注意事项：

1．冬季剧烈运动前一定要做充分的准备活动。

47

充分的准备活动对冬季体育锻炼至关重要。

2.冬季剧烈运动时要注意呼吸方法。冬季进行体育锻炼时，要用鼻子呼吸，不要张大嘴巴呼吸。

3.冬季剧烈运动衣着厚薄要适宜。冬季进行健身运动，开始要多穿些衣物，穿着衣物要轻软，不能过紧。热身后，就要脱去一些厚衣服。锻炼后，如果出汗多应当及时把汗擦干，并及时换掉出汗的运动服装、鞋袜，同时穿衣戴帽，防止热量散失。

4.冬季气温低，干燥风大，皮肤表面水分流失较多，可以带些油性较大的保湿类护肤品，防止皮肤粗糙、干裂。

生活大管家，实用一整天。今天我们就为您服务到这里。下周同一时间我们继续为您的幸福生活支着儿！下周再见！

【片尾曲】

48

第三单元

播音真的很难吗？

○ 教学目标——窦童顺利度过了实习期，可以正式播音了。但是，他发现听别人播音是一回事，而自己播音又是另一回事。刚刚开始尝试播音工作的他碰到了各种各样的疑惑和难题。

本单元将通过窦童的播音实践，让同学们了解播音工作的一些基本方法与技巧

第 一 课

预 则 立　　不 预 则 废

○ 教学目标——认识播音员备稿在播音创作中的重要性,
介绍稿件准备的基本方法

故事屋

《生活管家》节目组的三位新播音员都顺利地通过了实习期。前三周,他们轮流跟谷佳佳搭档播音,之后就分成两组轮流播音。排在前面的自然是"急先锋"窦童。周三晚上,写完作业的窦童就开始准备明天播音的稿件了。他的劲头一点也不比考试前背诵课文差。他把稿件内容通读了好几遍,有的地方甚至可以背了。准备到这个地步,窦童觉得明天播音应该没什么问题了,至

少不会出现太多口误吧。

周四早上，窦童四点就醒了。不得不承认，事情到了眼前，他还是有点紧张。既然翻来覆去睡不着，他索性坐起来裹着被子继续看稿子。

中午，谷佳佳看见窦童，情不自禁地问了一句："哟，你是去了趟四川吗？"窦童没反应过来，回了一声"啊？"谷佳佳一边捂着嘴笑，一边解释："你瞧瞧，眼圈这么黑，都快赶上大熊猫了！"谷佳佳顿了顿，说："是不是有点紧张，没睡好吧？我第一次播音也是这样。没事，放轻松，你就当是跟我聊天，别管麦克风。"窦童看着佳佳学姐，觉得眼前这个姐姐十分可靠，心里便有了一点儿底气。随着分针从12:45滑向12:50，窦童全身的肌肉越来越僵硬，那点儿底气早就随着他急促的喘气消散了，就在谷佳佳打开麦克风的前一秒，窦童的身体僵到了极限甚至开始颤动。神奇的是，在谷佳佳开场语结束的时候，窦童瞬间就把气喘匀了。他说话一直跟着谷佳佳的节奏，不敢越雷池一步。佳佳学姐要说完时总会提前给

55

窦童一个手势，几个来回后，窦童就能够十分自然地把话接过来。在整个节目主持中，除了中间窦童稿子看串行导致脑子空白断了几秒被佳佳救场外，整期节目还算顺畅。节目结束后，谷佳佳表扬了窦童，觉得他心理素质还不错。然后，她给窦童拷贝了今天的节目录音。窦童拿着U盘恨不得立刻飞回家，听一听自己的声音，看看自己这期主播当得怎么样。

梦想树	回到家，窦童的爸爸妈妈也很想见识一下儿子第一次当播音员的表现。但是窦童有点害羞，红着脸把爸爸妈妈"拒之门外"。爸爸妈妈也很识趣，帮窦童打开电脑后就退出了房间。窦童打开录音文件，熟悉的音乐在耳边飞过。窦童闭上眼睛让自己的思维随着声音游走。谷佳佳的声音大气温柔，让人很舒服，不自觉地就会信任她。而当自己的声音出现时，却总觉得语言似乎很平淡，虽然没有说错，但总感觉说不到人心里去。
知识塔	心理状态在稿件准备中处于最优先的位置。如果心理状态稳定，就相当于有了"1"。如果心理状态不稳定，即便其他方面都准备得很好，甚至把

稿子都背下来了，那也相当于"0"。没有"1"，后面加多少"0"，最后也是0。那么，如何做到心理状态稳定呢？一方面要多锻炼自己，如多当众表演或演讲等，目的是突破自己的舒适区，也就是丢掉"对面子的执着"。另一方面要把注意力集中在内容表达上，而不是"正在播音"这件事情上。只要对内容有充分的准备，那就能够做到"忘我"，专注于播出的内容。

一般来说，准备一篇稿件要有六个步骤，即划分层次、概括主题、联系背景、明确目的、找出重点、确定基调。划分层次就是要分析稿件的布局、结构，并进行归并。概括主题就是要总结文章的中心思想；联系背景就是要分析稿件的写作背景和播出背景；明确目的就是要考虑播这篇稿子要达到什么目的和效果；找出重点就是要找出稿件中直接表现主题、抒发感情的部分；确定基调就是要考虑播出这篇稿件时总体上应该有一种怎样的思想感情，如昂扬的、凝重的、明快的、豪放的、深情的等。

拓展练习

1. 依照稿件播出准备的六个步骤，为朱自清的散文《春》写一篇播出准备的笔记。

2. 根据散文《春》的播出准备笔记，播读这篇文章并录音。

第 二 课

听 到 与 听 懂

○ 教学目标——了解停连和重音的含义及运用

故事屋

    这几天，窦童在班里成了大红人。"呦！大主持人哪！""从喇叭里听见你的声音了，挺好的！""你的声音真好听！"很多同学和窦童擦肩而过时，都会这样提上一句。一开始，窦童觉得很受用，脸上表现得"波澜不惊"，心里却是"波涛汹涌"。可是，听得多了，窦童也就"麻木了"，不再往心里去了。可是，那天同桌杨昊无意间插科打诨的话在他心里掀起的波浪却越来越大。

那是周四的上午，窦童刚下节目从广播室返回教室上课。一进门，竟然收获了一些掌声和欢呼声，带头的就是杨昊。杨昊有点戏谑地对窦童说："真没想到，原来我旁边坐了个名人哪！"窦童知道杨昊的赞美是真心的，可是逗他玩儿的心更真。俩人就这样你一言我一语地"贫"上了。

窦童："是啊！你这一贯后知后觉的，听了半天听懂说啥了吗？"

杨昊："哎呀，我语文是稍微差点，不过我又不聋，你们说中国话还能听不懂啊？"

窦童："那你说说，今天早晨新闻都说了些什么？"

杨昊："不就是药品减价啦、教育改革啦、学校最近要测试暖气啦，就这些嘛！"

窦童："你倒挺会提炼大纲！有本事你再说得具体点儿。"

杨昊："听广播嘛，谁会坐那儿跟听老师讲课似的听你们说啊，我当时是一边做英语作业一边听的。"

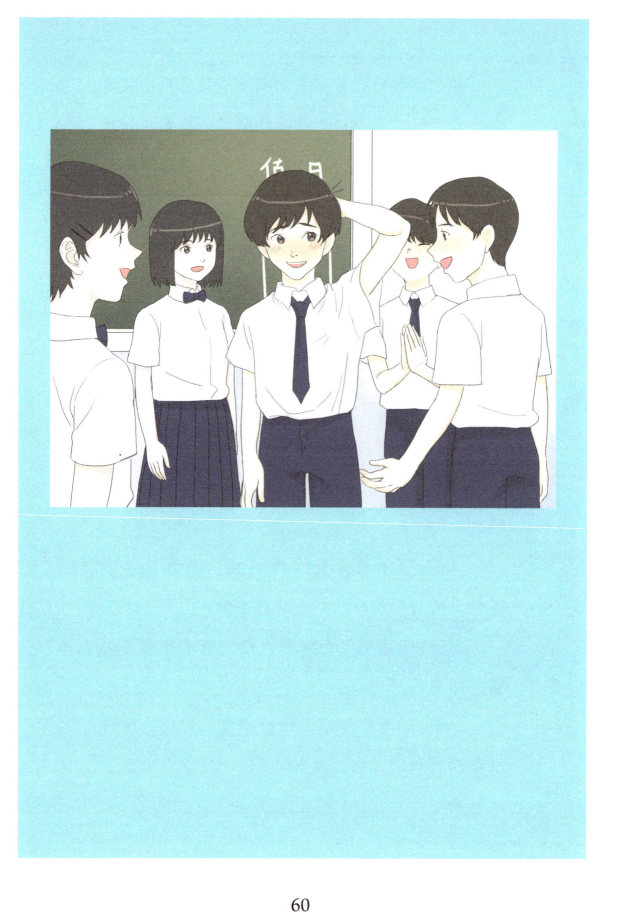

......

　　窦童回想起来，杨昊的话提醒了他十分重要的一点：绝大多数听众在听广播时手里可能还在干其他的事。用有限的注意力接收信息，这信息的传播一定要很到位才行。否则，信息很容易被听众忽略。再一想，杨昊提的那几条信息都是佳佳姐播的，自己播的内容似乎没给他留下印象，这让他有些沮丧。

梦想树

晚上睡觉前，窦童习惯性地去客厅喝一杯水，顺便看几分钟电视。没想到电视里刚好在播广告，窦童在心里抱怨了一句："倒霉！"他打算赶紧喝完水去睡觉。正当他打算起身回屋时，电视里播了一个食物料理机的广告。窦童妈妈看到这广告感慨地说："科技真是进步了，想想我刚生童童的时候哪有这东西。那时候喂童童都是我自己先嚼碎了再喂给他。"窦童听到这儿，一方面觉得妈妈真是很不容易，另一方面知道自己小时候还这么吃过饭，心里一时有些接受不了。

睡梦中，窦童梦到自己在广播室，不是在播音而是在做饭。在教室里竟然坐着一屋子婴儿，他们

61

嗷嗷待哺但又没有牙齿。窦童只能把准备好的食物都压碎了再装盘给他们吃。

知识塔

播音工作是对稿件的"二度创作"，既然是"创作"，那就应该体现播音员对稿件的理解和感受。如果只是把文字稿件转化成有声语言，那通过电脑就可以完成。播音员必须为听众着想，为听众降低从"听到"到"听懂"的难度。

播音员在理解、感受稿件的基础上，把握停连和重音的处理十分重要。停连即停顿和连接。停连时可以参考标点符号但不能被其限制，要根据语义、语法和情绪情感来确定是停顿还是连接，以及停顿的长短、连接的快慢等。

重音是对那些最能体现语句目的、最能表达思想感情的词或短语加以强调。重音不宜多，多了就失去意义。生活中很多情感表达的误会都是重音没选对造成的，找准重音是播音员主持人重要的基本功。

拓展练习

1. 请说出以下几组对"下雨天留客天留我不留"的停连处理各自表达了什么意思：

① 下雨天留客，天留，我不留。

② 下雨天，留客天，留我不留？

③ 下雨天留客天，留我不？留！

④ 下雨天，留客天，留我？不留！

2. 请你改变"我是正在学播音主持的学生"一句的重音，回答下面的问题：

① 谁是正在学播音主持的学生？

② 你是学什么的学生？

③ 你是学播音主持的学生吗？

④ 你是播音主持专业的学生还是老师？

第 三 课

还声音以生命

○ 教学目标——学习播音中的语气运用，让语言富于变化

故事屋

周末假期头也不回地走了，周一的黎明又大步流星地飞奔而来。窦童虽然舍不得假期的悠闲，但周一早上又能听见李铮哥哥那富有磁性的声音，也算是一件值得期待的事吧。上周李铮哥哥带着张彤上了节目，这周是带陈思杰还是带黄薇呢？一想到陈思杰，窦童的期待又多了一分。这个在开学典礼上代表新生发言的同学从头到脚都非常稳，不知道的还以为他是三年级的学长在传授学习经验呢！窦童心想他一定表现得非常好。当然，

如果跟李铮学长比，陈思杰还差那么一点儿。也许是因为同为新生，窦童在佩服陈思杰的同时还有那么一点儿不服气。

开场音乐结束后，窦童满心期待李铮哥哥亮嗓，没想到出声的是一个比李铮哥哥声音稍亮的男声，"各位老师、同学，早上好！今天是10月26日星期一……"虽然声音没有李铮哥哥厚实，但听得出来，他的气息还是比较稳的。窦童听出了这是陈思杰的声音。"好厉害！居然第一次上节目就说开场，李铮哥哥对他可真放心啊！"窦童还在惊讶时，第二个声音出现了，竟然是个女声！今天李铮哥哥居然没上！？窦童的脑子一下子乱了，心想：李铮哥哥看着那么谨慎，竟然没有像其他学长学姐一样三个新人轮流带一遍？还是他觉得陈思杰可以不用带？甚至可以带别人了？他决定认认真真听完这一期节目，看看让李铮学长如此赏识的陈思杰究竟有多么强的实力。

客观来讲，陈思杰播的新闻虽然挺流畅，停连重音也很鲜明，但是跟李铮哥哥那种一听就感

65

觉是专业新闻播音的稳健感相比还是差了一些。除了这些，窦童还听出了其他的感悟，这全靠黄薇的衬托。黄薇第一次上节目有些紧张，表现与窦童一样，甚至还没窦童好。她只是把句子一字不错地念出来了，有点像机器人在说话。而听陈思杰播音就感觉很痛快。为什么会痛快？因为他在说国家重大工程完工时，声音里充满了喜悦；他播发禁止在校园里乱扔垃圾的通知时，似乎真的在谴责那些扔垃圾的人。窦童顿时觉得，一个有血有肉有感情的人是多么有魅力啊！再回想上周自己节目中的表现，窦童不禁有一些灰心。

梦想树　　自习课上，窦童看着练习册发呆，他在想为什么陈思杰的播音那么有感染力。从音色音质上看，其实自己也不比他差。语句逻辑虽然陈思杰表达得更好一些……窦童一边想一边无意识地在练习册上描图。等回过神来他才发现自己在练习册上乱糟糟地画了一片。他赶紧用橡皮擦清理起来。好在用的是铅笔，否则明天交到老师那儿可就说不清了。擦着擦着，他看见练习册上画着两幅兵马俑的插画。左边一幅是一身土色的兵马俑，右边一幅是全身彩绘的兵马俑。形状完全一样的两个俑，就因为色彩的差异让人觉得彩绘的那个像活的一样。窦童若有所思。

知识塔

有声语言是有色彩的。有声语言的色彩就蕴含在其中的思想感情里。例如喜、怒、哀、乐、爱、惧、肯定、疑惑、坚定、紧张……当不同的感情有机地融入有声语言表达时，就使有声语言有了色彩，这就是语气的作用。语气要有感而发，不能装出来。由于感情是一种个性化的体验，因此，语气的变化也是极为微妙且丰富的。准确的语气表达可以让纸上的文字"活"起来。

拓展练习

1. 用三种不同的语气说"你可真行"这句话。

2. 播读以下语段，体会不同的语气分量。

① 忽然，余新江冰冷的脸上，露出狂喜，他的手心激动得冒出了汗水。

② 现在，才五年，孩子就成了一名光荣的中国人民解放军军官，当母亲的哪能不高兴？她整天像喝了蜜似的，养猪、铲草、料理家务，干什么都来劲。

③ 谁知这一回彭总抬起头来，笑呵呵地坐正了，说："照吧！"

3. 播读以下语篇，领悟不同的语气色彩。

① 赞扬肯定的语气。

那是力争上游的一种树，笔直的干，笔直的枝。它的干呢，通常是丈把高，像是加以人工似的，一丈以内绝无旁枝。它所有的丫枝呢，一律向上，而且紧紧靠拢，也像是加以人工似的，成

67

为一束，绝无横斜逸出。它的宽大的叶子也是片片向上，几乎没有斜生的，更不用说倒垂了；它的皮，光滑而有银色的晕圈，微微泛出淡青色。这是虽在北方的风雪的压迫下却保持着倔强挺立的一种树。哪怕只有碗来粗细罢，它却努力向上发展，高到丈许，二丈，参天耸立，不折不挠，对抗着西北风。

（节选自茅盾《白杨礼赞》）

②亲切柔和的语气。

享受幸福是需要学习的，当幸福即将来临的时刻需要提醒。人可以自然而然地学会感官的享乐，人却无法天生地掌握幸福的韵律。灵魂的快意同器官的舒适像一对孪生兄弟，时而相傍相依，时而南辕北辙。

幸福是一种心灵的振颤。它像会倾听音乐的耳朵一样，需要不断地训练。

简言之，幸福就是没有痛苦的时刻。它出现的频率并不像我们想象的那样少。

人们常常只是在幸福的金马车已经驶过去很远，捡起地上的金鬃毛说，原来我见过它。

人们喜爱回味幸福的标本，却忽略幸福披着露水散发清香的时刻。那时候我们往往步履匆匆，瞻前顾后不知在忙着什么。

（节选自毕淑敏《提醒幸福》）

第 四 课

欲 扬 先 抑　　一 张 一 弛

○ 教学目标——体验文章播读中的节奏及其转换方法

故事屋

  周三中午的《开心时刻》是全校师生最喜欢的一个节目。这个节目主要是经典相声和小品的录音剪辑，每个片段之间由主持人进行串联。这个节目的主持话不算多，看起来十分容易。但事实上，这种节目的串联词是最难写的。因为片段之间的串联词不仅要风趣幽默，还要承上启下。最难的是开头，需要一段脱口秀来暖场，相当于相声里的垫话。对于初中生来讲，创作难度是比较大的。该节目的负责人于晨学长从上初一就主

69

70

持这个节目，风评一直很高。他本人就是一个十分有趣的人，戴着一副圆形金边的眼镜，笑起来眼睛就成了一条缝，非常可爱。窦童听谷佳佳学姐说只要跟于晨在一起，十分钟能笑二十次。要么他故意把你逗笑，要么他无意间干了点儿什么让你觉得特别好笑。这样一个天生的"开心果"，窦童认为他上节目肯定是从头兴奋到尾，语调比较高，而且很有感染力。但是，窦童听了于晨的节目之后才发现，他一开始的情绪并不是很高涨，而是很平常地说话。随着铺垫的深入，他的情绪才有了变化，快到笑点的时候，他的声调就能提上去，并且能够一直保持兴奋状态。等到把大家逗乐了，他又慢慢冷静下来。窦童有点疑惑，难道是学长比较懒吗？还是体力撑不住了？如果能一直很兴奋地说多好啊！

今天的《开心时刻》由于晨带着新人张琦一起主持。张琦是个活泼开朗的女孩，她哈哈大笑的样子让人也想跟着她一起笑。不知张琦是因为紧张而过于兴奋还是从别的节目里学来的经验，一开始她的情绪就特别高涨。她和于晨互相调侃，好不热闹。听一会儿感觉还挺有意思的，但是随着节目的进行，张琦的声调越来越高。于晨几次想要慢一点，把张琦的声调拉下来，但都失败了。张琦绞尽脑汁想要搞笑，把笑点越铺越密集。由于她的语言表现力还不够，有几次因为想不出合适的词便稀里糊涂糊地"蒙"过去了。节目结束时，窦童仿佛听到两个主持人长舒了一口气。这让窦童真切地感受到这个节目可真难啊！

梦想树　　窦童觉得，于晨和张琦主持的这期节目乍听起来热闹非凡，但回想一下，其实笑的次数远没有于晨学长单独主持的时候多，这是为什么呢？张琦不断给自己加油，让自己兴奋起来的状态，在窦童脑子里浮出了一个画面——一个人在弹《野蜂飞舞》的曲子。她不断加速，越弹越快，观众由此赞叹她技艺高超。但她一直在加速，钢琴琴键一个个都被弹得蹦了出来。最后，这首曲子根本成不了曲调，听众也就不会听了。与之相反，于晨学长一个人主持节目的时候，就像一个钢琴大师，慢时不拖沓，快时高潮迭起，让人心旷神怡。

知识塔	节奏是所有艺术形式都必须把握的一种技巧，也可以说，节奏是艺术创作中的一个核心要素。在播音主持中，节奏是指抑扬顿挫、轻重缓急等有规律的变化。清代诗人袁枚曾说："文似看山不喜平。"播音主持也是如此，有高低起伏的变化才有美感。播音主持节奏的变化要以播音员、主持人的情感变化为依托，而播音员主持人的情感变化又是以文章内容、节目内容为依据而变化的。声音的高低、轻重、快慢、强弱、明暗、虚实等声音形式之间的转换是形成语言节奏的重要手段。在相互转换时可以采用"欲A先非A"的方法，如欲扬先抑，欲抑先扬；欲重先轻，欲轻先重；欲快先慢，欲慢先快等。
拓展练习	1. 分析高尔基的作品《海燕》的整体节奏及其节奏变化。

2. 结合节奏的分析，朗读作品《海燕》。

在苍茫的大海上，狂风卷集着乌云。在乌云和大海之间，海燕像黑色的闪电，在高傲地飞翔。

一会儿翅膀碰着波浪，一会儿箭一般地直冲向乌云，它叫喊着，——就在这鸟儿勇敢的叫喊声里，乌云听出了欢乐。

在这叫喊声里——充满着对暴风雨的渴望！在这叫喊声里，乌云听出了愤怒的力量、热情的火焰和胜利的信心。

海鸥在暴风雨来临之前呻吟着，——呻吟着，它们在大海上飞窜，想把自己对暴风雨的恐惧，掩藏到大海深处。

海鸭也在呻吟着，——它们这些海鸭啊，享受不了生活的战斗的欢乐：轰隆隆的雷声就把它们吓坏了。

蠢笨的企鹅，胆怯地把肥胖的身体躲藏到悬崖底下……只有那高傲的海燕，勇敢地，自由自在地，在泛起白沫的大海上飞翔！

乌云越来越暗，越来越低，向海面直压下来，而波浪一边歌唱，一边冲向高空，去迎接那雷声。

雷声轰响。波浪在愤怒的飞沫中呼叫，跟狂风争鸣。看吧，狂风紧紧抱起一层层巨浪，恶狠狠地把它们甩到悬崖上，把这些大块的翡翠摔成尘雾和碎末。

海燕叫喊着，飞翔着，像黑色的闪电，箭一般地穿过乌云，翅膀掠起波浪的飞沫。

看吧，它飞舞着，像个精灵，——高傲的、黑色的暴风雨的精灵，——它在大笑，它又在号叫……它笑那些乌云，它因为欢乐而号叫！

这个敏感的精灵，——它从雷声的震怒里，早就听出了困乏，它深信，乌云遮不住太阳，——是的，遮不住的！

狂风吼叫……雷声轰响……

一堆堆乌云，像青色的火焰，在无底的大海上燃烧。大海抓住闪电的箭光，把它们熄灭在自己的深渊里。这些闪电的影子，活像一条条火蛇，在大海里蜿蜒游动，一晃就消失了。

——暴风雨！暴风雨就要来啦！

这是勇敢的海燕，在怒吼的大海上，在闪电中间，高傲地飞翔；这是胜利的预言家在叫喊：

——让暴风雨来得更猛烈些吧！

74

第 五 课

播 音 真 的 有 点 难

○ 教学目标——认真领会"播音三戒"，避免走入误区

故事屋

　　一个月来，所有新播音员都上了一遍节目。今天的播音组例会要对大家的表现做一个总结。窦童早早就来到开会的教室，全身无力地坐在椅子上。一个月前他是多么活力四射，恨不得住在广播室里与麦克风一起过日子。一个月后的他听了这么多同学的播音，几乎都铩羽而归。他深深地体会到播音可不像他想象的那么"好玩"，或许用"好玩"来形容这项工作本身就是一种误解。这时，同学们陆续走进教室，而窦童已经趴在桌

75

青少年播音主持艺术教程（三）

上睡着了。但是，一瞬间他的耳朵捕捉到了陈思杰的声音，那个声音由远及近最后好像落到了他后边的座位上。窦童有些犹豫：要不要跟陈思杰打个招呼，说一说对他的敬佩？毕竟陈思杰是他们这一届里表现得最不错的。但是，他和陈思杰不在一个班，就算一起开过一两次会也没什么交流，突然打招呼是不是有些唐突呢？正在他举棋不定的时候，有人拍了他一下，窦童起身一看，正是陈思杰。"你好，你是窦童吧？我是陈思杰，我听了你的节目，我觉得你吐字特别规范，是学过吗？"窦童没想到陈思杰居然"捷足先登"了，被夸奖了仍然有点不甘心的他回应道："没有啦，我就是喜欢没事儿练练绕口令什么的。我觉得你播得才好呢，一听就挺有范儿的。"陈思杰回答说："谢谢夸奖！因为我妈妈懂一点儿播音，她教过我一些知识。她还让我每天早上起来读一些字、词、诗词什么的，我有时觉得太枯燥了就没坚持下来。我感觉你应该是经常练吧……"

这时，门外传来一阵脚步声，五位学长学姐

一起推门进来，两个人就停止了交谈。李铮学长走上讲台，扫了一眼大家，开口说道："各位，这一个月辛苦了。总的来说，大家的任务完成得还是很好的，至少态度都比较端正。只有一位同学，我就不说名字了，因为路上自行车坏了导致迟到。虽然不是故意的，但依然要提出批评。请大家时刻铭记：节目大于一切。现在有学长学姐带，迟到了有人兜底。万一一个人上节目，你迟到了，不就开天窗了吗！"窦童从没见过如此威严的李铮学长，之前他虽然正经、稳重，但交往起来还是挺随和的。而今天他好像一个冷酷的剑客，随时准备拔剑"替天行道"。李铮接着说："纪律问题就说到这，希望这种突破底线的事情不要再发生。接下来，听一听你们的节目片段，大家一起讨论一下。"

梦想树

虽然这些节目窦童都听过一遍，但是学长学姐们的点评还是让窦童感觉自己跟没听过一样。

他仿佛站在一个水坑旁，四周布满了浓雾，只能看到这个水坑里的水比较浑浊。经过学长学姐的点拨，他发现浓雾散了，身边的水坑竟然成了一个湖。有几根排污管将污水排入湖中，这是导致水坑里的水浑浊的原因。这些点评让窦童学会站在更高的角度看待问题。听完录音后，李铮学长站起来对大家说："第一次上节目难免有瑕疵，很多问题是意料之中的。其中针对三个问题必须要送你们三句话。这三句话也是我的学长学姐送给我的。"接着，李铮学长拿起粉笔在黑板上奋笔疾书，那气势好像写出来的字能飞上五指山当封条镇压孙悟空一样。最终，"一戒自我表现，二戒随心所欲，三戒千篇一律"十八个大字被写在了黑板上。

知识塔

"一戒自我表现，二戒随心所欲，三戒千篇一律"是中国第一代播音员、也是第一位播音学教授齐越老师提出的，称为"播音三戒"。进入播音部的同学都是经过严格挑选的，他们的声音条件都很好，所以也很容易陷入卖弄自己的嗓音、沉浸于好听的声音的陷阱中。说到"随心所欲"时，李铮学长特别点到了陈思杰。他说陈思杰处理每一条新闻的语气都很丰富、有态度，但这么做会很容易失去客观性，使新闻播报变成主持人情绪的宣泄。在李铮学长看来，那天陈思杰播的几条中有的语气就过火了。而"千篇一律"则是绝大多数新播音员都会犯的错误。每一篇稿子内容都不一样，怎么能用同一种情感态度去播读呢？如果大家都这样播，那就说明大家思想上不

79

重视或者播音水平太差。

这"三戒"像三座大山压得窦童喘不过气来，加上李铮学长今天又说了好多规章纪律，窦童开始体会到做播音工作的不容易。

拓展练习

1. 有感情地朗诵下面这首诗。注意不要喊，要用真情实感带动声音的变化。

沁园春·雪

毛泽东

北国风光，千里冰封，万里雪飘。

望长城内外，惟余莽莽；大河上下，顿失滔滔。

山舞银蛇，原驰蜡象，欲与天公试比高。

须晴日，看红装素裹，分外妖娆。

江山如此多娇，引无数英雄竞折腰。

惜秦皇汉武，略输文采；唐宗宋祖，稍逊风骚。

一代天骄，成吉思汗，只识弯弓射大雕。

俱往矣，数风流人物，还看今朝。

2. 播读以下新闻消息，注意播出目的和态度。

① 从今天起，京津冀地区将逐步实施区域通关一体化，三地海关将打破原有的关区界线，简化手续，为企业提供便利。

② 今后出现食品安全问题，不但要追究制售者的责任，还要追究政府主管部门的责任。北京市食品安全委员会日前正式出台文件，即日起生效。

③ 据印度尼西亚负责营救工作的官员说，20日午夜过后，从沙特阿拉伯开往日本的一艘9.5万吨的油轮和一艘在巴拿马注册的2.7万吨集装箱船，在马来西亚和印度尼西亚的苏门答腊岛之间的狭窄而又繁忙的马六甲海峡不慎发生碰撞。

第四单元

运动会上显身手

○ 教学目标——这一单元将以校园广播台报道

校运动会为实例，让同学们了解大型活动报道的

组织、策划与实施。同学们通过对现场报道、解

说、采访、资讯播报等技能的学习，把握播音主

持创作中内在语、对象感、情景再现在实践中的

运用

第 一 课

校 运 动 会 来 了

○ 教学目标——了解大型活动宣传报道的组织、策划与实施方案的制订

故事屋

　　这几天，二十七中校园里最热闹的地方要数操场了。每天下午，同学们聚集在操场的不同区域进行体育运动。校运动会即将举办，为了鼓励同学们积极参与，老师甚至酌情减少了家庭作业，留出时间让同学们好好准备。二十七中是市级中学体育课示范校，每年的运动会不仅持续时间长、项目丰富多彩，而且影响也非常大。除了常规的田径项目外，已经进行完初赛的篮球、足球、羽

86

毛球、乒乓球等项目的决赛都将作为参赛项目进入校运动会。它之所以有较大的影响力，其原因就是二十七中校园广播台每年对运动会的宣传报道的力度强、影响面广，这在全市的中学中是首屈一指的。

进入初三的李铮，中考的学习压力与日俱增。对此，指导老师十分体谅，同意他报道完这届运动会就"退役"。这会儿，李铮正来回翻腾着手里的记事本，生怕遗漏什么。他一边翻一边对大家说："今年我们播音部的任务依然很艰巨。首先，开幕式和闭幕式需要安排一男一女两名主持人。其次，运动会期间主席台会搭一个临时播音间用来播报比赛成绩、赛场通知和花絮等，这里也要安排两个人轮流值班，一会儿大家报一下时间，我们排一下班。第三，每个项目的优胜者都要进行采访，老师、裁判、志愿者等也要有选择地进行采访。此外，对于现场突发事件也要随时做好报道的准备。所有采访录音除了运动会当天播出外，第二天的早新闻也要安排播出。然后还

87

要把所有播出节目交给制作部上传网络。现在采编部人手不够，所以采访的工作我们要帮着分担一些。台里会发录音笔给大家，大家采访完就把素材交给制作部制作。最后，四种球类项目的决赛关注度很高，但场地比较小，学校担心太多同学在现场挤着发生危险。老师说今年想要尝试一下现场转播，这样同学们就可以在教室里或门口的大屏幕观看比赛了。老师希望咱们播音部承担现场播报的任务。这是第一次进行比赛的现场转播，大家要认真讨论一下。"要是平时，作为资深体育委员的窦童一定高兴得蹦起来主动认领任务了，可是，经过前段时间的播音实践，他渐渐发现自己的播音存在各种各样的问题，他甚至有点怀疑自己能否继续胜任播音这项工作。

现场很安静。"我打过乒乓球，我可以试试。"陈思杰首先自告奋勇。窦童有点惊讶，上体育课时他看过陈思杰打乒乓球。陈思杰的水平只能用"非常一般"来形容，他怎么敢这么说呢？不过，陈思杰的行为还是让窦童很是佩服。

反观自己畏首畏尾的样子，窦童开始羞愧于自己刚才的"小心思"。他嗖地站起来，大声说道："铮哥，那我就试试说篮球吧！"

梦想树　　散会后，窦童一边往教室走一边回想自己从小到大看过的比赛转播。之前，他眼里只有飞驰如风的百米冠军、入水无痕的跳水名将、百发百中的神射手、力大无穷的举重力士等精彩夺冠的场景，以及他们赛前的紧张表情和诉说夺冠历程的感动时刻。可是，突然之间，窦童脑海中影像的视角变了：他发现自己是通过摄像师操控的镜头看到选手们的英姿。他看到无数记者挤作一团想把话筒递到选手面前，他看到场馆顶部许多摄像设备对准了临时搭建的主播台——台上两个人侃侃而谈……现在，他也将成为镜头后忙碌的人群中的一员。

知识塔　　许多人对播音员、主持人的认知往往局限于广播室或演播室中。其实，播音主持的工作内容、工作区域远比这些广得多。广播室、演播室、运动场、舞台、场馆、拍摄片场甚至灾难现场、事故现场等，均能成为主持现场。随着通信的发达，播音主持工作几乎可以在任何地点进行。与单一的节目播出不同，大型活动报道通常是

89

一个"超长时间"的播出状态。其内容、形式之复杂，并非一两个播音员、主持人所能完成。它涉及记者、导播、编辑和技术人员等多个工种的交流与合作。这就要求整个团队在活动开始前做好宣传报道的组织、策划和实施安排。整个团队还要经过多次模拟演练，加强默契度。播音员、主持人作为整个活动流程的掌控者，更要对整个活动的内容、形式、程序以及各个岗位的工作了然于胸。只有这样，播音员、主持人才能承担起串联各个环节、各种内容的重任。

拓展练习

1. 根据"故事屋"中的提示以及自己参加学校运动会的体会，尝试写一个校运动会的报道方案。方案应包括开闭幕式的盛况、赛程规划、重点采访项目、运动员安排以及运动会中的突发状况和亮点……另外，还要包括记者、主持人、编辑等岗位的人员安排和工作流程。

2. 你有报道校运动会的工作经历吗？如果有，你喜欢做哪方面的工作？为什么？如果没有，你希望做哪方面的工作？为什么？

第 二 课

巧 听 弦 外 之 音

○ 教学目标——学会分析内在语

故事屋

　　早上8点，运动会开幕式正式开始。同学们踏着进行曲的拍子走进了操场。经过主席台时，每个班还表演了精心设计的小节目。各班真是八仙过海、各显神通，服装也是整齐靓丽，别具一格。放眼望去，操场上人头攒动，"奇装异服"不绝于眼，有穿民国服装的、有穿少数民族服饰的、有穿汉服的甚至还有打扮成动漫人物的。窦童他们班男生穿的是一袭长衫，女生穿的是一身旗袍，看起来很是"惊艳"。

今天上午窦童的任务是采访参加篮球比赛决赛的两个班的班主任老师。这两个班一个是初二（3）班，一个是初三（5）班。成长期的少男少女，大一岁身体就会结实一点。以往都是两个初三的班级进行决赛，但是这一次初二的一个班突出重围，杀入决赛，让很多人大跌眼镜。于是，这次的篮球决赛就成了初二和初三的较量。窦童在采访初二（3）班班主任关老师时问道："您觉得哪边会赢？"关老师说："两个班的同学都很优秀，希望这次的结果能给人新鲜感，破个纪录。"同样的问题，初三（5）班的班主任宋老师则说："初二的同学就能打败那么多哥哥姐姐进入决赛着实不易，希望他们明年能取得更好的成绩。"窦童觉得两个老师的回答都挺有水平，两个老师都没有直接说谁赢，但是"火药味"早已在话语中了。

93

梦想树	窦童在运动场各区域来回穿梭，偶然经过谷佳佳班级所在的座位区域时，看见佳佳姐穿着运动服，估计是刚刚参加完哪个项目回来。俩人一聊，果不其然，佳佳姐刚刚跑了400米。这时，她从包里拿出了一些零食想要补充体力，顺手就递给窦童一块糖。窦童接过糖，往回走的路上，窦童剥开糖纸一看，这块糖通体绿色且有点透明，最外边有一层白色的粉末。窦童含在嘴里，瞬间的刺激让他的脸挤成了一团。这是什么糖啊？怎么这么酸！窦童想着赶紧吐掉它，可刚一张嘴，舌尖传来一阵酥麻。嗯，怎么有点甜味？原来这是甜的序曲。接下来，这糖就越含越甜，最后便融化在口中。窦童笑了："哎，这糖真有点意思，就跟刚才两位班主任老师的话一样，有点'弦外之音'啊！"
知识塔	生活中常说的"弦外之音""言外之意"，表演中的"潜台词"，播音主持创作中文字语言所不便表露、不能表露或没有完全显露出来，或没有直接显露出来的语句关系和语句本质，一般都被称作"内在语"。作为记者，我们要深究被访对象每一句话的深层含义与情感态度，将话语本质的意思解析并传达给受众。作为播音员、主持人，我们应该弄清楚每一个语句、语段的深层含义和情感态度，在有尽之言中挖掘无尽之意、无尽之美。内在语一般分为：发语性内在语、寓意性内在语、关联性内在语、提示性内在语、回味性内在语和反语性内在语。
拓展练习	1. 根据下面不同的内在语说"他可真是一个好

人！”这句话。

① 我特别喜欢他。

② 他就是一个让人唾弃的伪君子。

③ 只是迎合一下。

④ 就他这种人也算是个好人？

2．播读以下语段，括号里的提示是内在语，不用读出来，但要让人感受到意思。

（什么样的场面？哪些人出来了？）城里乡下，家家户户，老老小小，也赶趟儿似的，一个个都出来了。（出来做什么呢？）舒活舒活筋骨，抖擞抖擞精神，各做各的一份事去。“一年之计在于春”，（因为）刚起头儿，（所以）有的是工夫，有的是希望。

3．先分析以下语段中语句的内在语，然后再进行播读。

① 孔乙己是站着喝酒而穿长衫的唯一的人。他身材很高大；青白脸色，皱纹间时常夹些伤痕；一部乱蓬蓬的花白的胡子。穿的虽然是长衫，可是又脏又破，似乎十多年没有补，也没有洗。他对人说话，总是满口之乎者也，教人半懂不懂的。……孔乙己一到店，所有喝酒的人便都看着他笑，有的叫道，“孔乙己，你脸上又添上新伤疤了！”他不回答，对柜里说，“温两碗酒，要一碟茴香豆。”便排出九文大钱。他们又故意的高声嚷道，“你一定又偷了人家的东西了！”孔乙己睁大眼睛说，“你怎么这样凭空污人清白……”“什么清白？我前天亲眼见你偷了何家的书，吊着打。”孔乙己便涨红了脸，额上

的青筋条条绽出，争辩道，"窃书不能算偷……窃书！……读书人的事，能算偷么？"

（节选自鲁迅《孔乙己》）

② 有个人请客，看看时间过了，还有一大半的客人没来。主人心里很焦急，便说："怎么搞的，该来的客人还不来？"一些敏感的客人听到了，心想："该来的没来，那我们是不该来的？"于是悄悄地走了。主人一看又走掉好几位客人，越发着急了，便说："怎么这些不该走的客人，反倒走了呢？"剩下的客人一听，又想："走了的是不该走的，那我们这些没走的倒是该走的了！"于是又都走了。

（节选自寓言故事《该来的不来》）

第 三 课

听 众 在 心 间

○ 教学目标——学会把握对象感，心中时刻有听众

故事屋

　　下午，窦童没有比赛项目。于是，他和高嘉
妮学姐坐镇主席台上的播音区，负责串联下午运
动会各项运动竞赛的进展以及播报比赛战绩、加
油词、通知、寻物启事等消息。昨晚，窦童还
想象自己坐在主席台上的时候一定十分风光耀
眼。没想到，今天他坐在主席台上的感觉却是
"高处不胜寒"，冷冷清清的。这里的播音并没有
之前想象的那么忙。窦童刚播完男子200米复赛
晋级名单，一个穿着短裤背心的男生走到主席台

下抻着脖子问窦童:"哎,男子200米成绩出来了吗?"

窦童说:"出来了啊,我刚播过!"

男生有点歉意,又问:"噢,不好意思啊,我刚才没注意。请问李明进复赛了吗?"

窦童翻出刚才播过的名单仔细查了一下,说:"嗯,进了。"听了这个回答,男生满意地离去了。

这种情况还不是一例,今天下午窦童至少被问了三次。"是喇叭声音太小?还是同学们心不在焉?"也不知是因为被多次这样询问搞烦了,还是因为自己播的消息没让别人听见有一种挫败感,窦童心中有一股无名火。这时,工作人员又递来一张比赛结果,窦童犹豫了一下,刚凑到麦克风前准备播发,旁边的高嘉妮学姐开口了:"这个我来吧,念完加油词有一阵了,还没有新的投稿,正好我来帮你播播成绩。"窦童心中有一种如释重负的感觉。在高嘉妮学姐陆续播了几条比赛成绩后,窦童的心情逐渐平复了一些。他

99

想："大家从来没见过嘉妮姐生气的样子，她总是那么淡定，什么事都云淡风轻的。她要是被那些不好好听广播的同学烦几次会不会生气呢？"想到这儿，窦童起了好奇心。可是过了很长时间，嘉妮姐又播了几个项目的成绩，窦童又播了几条加油词，还是没人过来询问。又过了一会儿，终于有一个人走过来了，窦童心想：肯定又有耳朵不好使的人！那人走近了，窦童一看，原来是于晨学长。于晨走到窦童面前，说道："弟啊，不是我不给你面子啊，很多同学表示还是让女生加油更来劲。"说完朝着窦童做了个鬼脸。窦童感觉心脏被重击了一下："难道真是'偷鸡不成蚀把米'？我播什么，什么不成。我也太没用了吧？！"高嘉妮见窦童自责得快哭了，拍了拍他说："别听他瞎说，加油还分什么男女！"窦童决定不再隐瞒了，说："嘉妮姐，我播成绩时好多人都没注意到，可你播就没这个问题，你的确比我强！"于晨见气氛不对，想上前安慰几句，却被嘉妮打发走了。"窦童，没你想得那么严重。

100

我教你个法儿，保证解决你的问题。"高嘉妮抬起手，指着正朝着自己班所在区域方向走的于晨说："你就盯着那个坏人，低头看一句，抬头看着他说一句。"说完，她让窦童照着做。窦童有点懵，半信半疑地看着学姐，点了点头。

梦想树　　下午的赛程顺利结束了，窦童迈着轻快的脚步往家走。说来也奇怪，自从按嘉妮学姐的方法播稿子后，窦童播报的比赛成绩就再也没有同学说没注意到了。窦童自己总结，是因为他的语速不知不觉变慢了，而且他自然而然地为语词、语句加了重音。他明确地意识到，自己说的话有了方向，有了目标。就像一个很棒的狙击手，扣动扳机就能百发百中。而之前他的播读状态就好像拿起枪朝天开枪，指望子弹掉下来砸中目标。尽管于晨学长后来不知道去哪儿了，窦童也不能看着他说了。但是窦童已经记住了这种状态，他眼里已经实实在在地看到了一个听众。

知识塔　　播音员、主持人既不是为了播稿而播稿，也不是为了完成任务而播稿，更不是为了显摆声音而播稿，而是为了把知道的信息准确地传递给受众而播稿。因此，播读的心理状态应该是——"嗨！

101

朋友，我知道一件有意思的事，我迫不及待要告诉你！"播音员、主持人在播稿时必须时刻想着听众，要把他们看在眼里，放在心里。然而，在广播室或演播间里，他们面对的常常是冷冰冰的话筒或镜头，怎么办呢？这就要求播音员、主持人要借助想象力虚构出听众或观众，想象听的／看的人会有什么反应，他们想听什么，并以此调动自己的情感，把握准确的语言表达状态。播读时对象感越强即对象越是清晰明确甚至栩栩如生，那播读就越能有的放矢。播读愿望越强烈，播读感情越饱满，播读效果也就越好。

拓展练习

1. 分析下面的文章，先在心里勾勒出小朋友的形象、性别、年纪、神态等，然后再开始播读：

小朋友，我现在说话，用的是什么语言？对了，是汉语。汉语的历史很长。在三千多年以前，咱们中国就有了汉字。汉语产生在汉字以前。人民使用了汉语这么多年，汉语经过了千锤百炼，逐渐成了更丰富、更优美的语言。

汉语一直就是世界上最重要的语言之一。新中国成立以后，我们国家在国际上的地位一天天提高，汉语在世界上的地位也更高了。在国际上，有很多人都在学习汉语。开国际大会的时候，汉语是规定作为大会运用的五种语言之一。我们的汉语是十分丰富，十分优美的。就拿声音来说吧。苏联诗人吉洪诺夫说："只有用音乐才能传达汉语的声音。"意思是说，汉语的声音就像音乐那样好听。这话很对，拿ba的音来说吧，可以念成bā、bá、bǎ、bà。

2．两人一组，轮换脱稿主持下面这个节目的开场白。用任意设备（手机、摄像机、相机等皆可）拍摄，不要求每一句话完全一样，但是眼睛必须盯着镜头方向。

主持人：每年7月份，在中学校园里，很多同学都拿到了大学录取通知书，高兴地奔走相告，准备收拾行囊上大学。但是大学校园里的情景却完全不一样，用四个字形容就是：惨不忍睹！即将要离开生活学习了四年甚至五年的校园，同学们都是——惜别。今天入围《幸运52》的三位选手都曾经在大学校园里有过自己的经历，我们来听听他们的自我介绍。

（中央电视台《幸运52》，2001年10月31日）

第 四 课

赛 场 外 的 "战 场"

○ 教学目标——初步了解体育解说

故事屋

运动会的第一天，田径比赛的项目全部结束了，比赛结果都已尘埃落定。第二天要进行的是球类决赛。球类决赛虽然仅是几个班级之间的较量，但是这几场比赛牵动了全校师生的心，因为每一年这几场比赛都打得格外激烈，十分好看。

这天上午进行的是乒乓球团体决赛。与往年不同的是，今年的赛场没有被同学们围得水泄不通。除了参加比赛的班级的同学们外，其他班级的同学都在教室里看电视转播。这时，窦童正作为工作人员在现场观战。其实比起这场球赛的胜负，窦童更关注陈思杰是怎么解说的。比赛开始了。只见陈思杰带着厚厚的一叠纸走到播音台前坐下。窦童有点惊讶，比赛之前谁知道过程和结果呀？陈思杰拿那么多资料总不能是未卜先知、预言比赛的结果吧？事实证明，陈思杰没那么神。那些资料是比赛双方球员的个人资料、以往战绩、历届比赛的情况介绍，以及学校乒乓球运动的开展情况，等等。

整场乒乓球决赛，陈思杰解说的内容十分丰富。窦童觉得陈思杰的思路真的很清晰，视野也很宽阔，听完之后好像还不过瘾。对于比赛现场，陈思杰似乎描述得不多，也没有过多介绍打法、战术之类的。窦童还是从陈思杰的解说中总结了一些经验。中午回家他赶紧补充准备了下午篮球比赛解说的资料。

其实，窦童之前一直很苦恼，这么长时间的比赛，如果一直描述双方对战的过程，那观众一

106

定会觉得很啰唆。但是不说这些又能说什么呢？那解说不就没有存在的意义了吗？尤其这次是电视转播，比赛现场的画面观众看得很清楚。现在，窦童终于找到了"填补"的方法，他对即将开始的现场解说有点儿信心了。

梦想树

精心准备好下午比赛的资料后，窦童看还有些时间，便在教室眯了一会儿。他梦见带领着很多人来到一座山脚下。望着这座山，他只有一个想法：爬到顶。他不知道为什么要爬，怎么爬，只知道眼前有座山，他要到顶端。话不多说，一群人开始往上爬。爬了一小段，窦童发现这山太高了，走的话几乎不可能到达。这时，他看到有一条小路通向一个索道，路牌上写着"选手情报"。这段索道坐到头后，一行人上升了一大段。他们回头一望，看到许多山脚看不到的风景。接着往上走，又有一段岔路通向另一条索道，牌子上写着"比赛的分析和评论"……最后，窦童带着身后的人坐了一条名为"烘托现场情感气氛"的索道到达了山顶。在这里，他们把这座叫"比赛"的山的美景尽收眼底。

知识塔

如何解说一场体育比赛？是把自己看到的转述给

观众吗？这显然是不够的。体育解说的内容要以描述比赛为主，其他内容作为支持。例如背景资料的介绍，包括选手背景、比赛背景、项目背景等。而在分析和评论比赛时，务必注意理性客观，不偏激，以免引起误解。解说时还可以加入赛场外的话题讨论，如选手的逸闻以及相关的社会活动等。此外，烘托现场气氛，渲染感情也很有必要。总之，主持人要把自己放在比赛现场，亲自感受比赛的紧张、刺激以及感动，同时把这些情绪、情感传递给观众。

拓展练习

1. 课间休息时间站在走廊里，计时两分钟，以清晰的较快的语速描述你所看到的人／事／物。

2. 选一场你喜欢的体育比赛，截取5分钟画面，尝试对这5分钟的比赛内容进行解说。

3. 选择体育界的一个人物或事件，结合背景资料，对其进行3～5分钟的分析和点评。

第 五 课

声 临 其 境 的 喜 悦

○ 教学目标——了解学习情景再现

故事屋

　　下午，校运动会的压轴比赛——由初二（3）班对阵初三（5）班的篮球决赛终于拉开了帷幕。广播台老师确实不太放心让新人单独进行现场解说，所以本场比赛由张元樱和窦童两个人共同担任解说。之前两人分别准备了资料，也明确了各自的解说任务。张元樱学姐虽然不打篮球，但她非常喜欢看篮球比赛，对篮球比赛还是比较了解的。本场比赛，张元樱是主要解说，窦童辅助解说。比赛开始前，窦童惊讶地发现初三（5）班

109

的选手名单上临时换上了李铮！虽然他知道李铮是初三（5）班的，但之前的比赛李铮并没有出场。张元樱看到这个变动时不禁发出一阵爆笑。窦童不知道学姐为什么这么笑，有点儿不知所措。他镇静了一下，心想：看来我要做好一个人解说的准备才行！没过一会儿，张元樱笑完了对窦童解释道："咱们收集的资料说今年李铮没上过场对吧？你别看李铮看着挺瘦的，其实他打篮球很厉害的。不过他点儿特别背，只要一运动就受伤。戳手指、崴个脚那都是小事，去年韧带都拉伤了。不过他对篮球也是真爱，屡伤屡上啊。我还以为他今年学乖了，没想到是韬光养晦啊。祝他今天平安吧！"窦童感觉在他心里李铮学长文质彬彬的形象"碎"了一地。

比赛一开始，张元樱和窦童配合很默契，恰到好处地解说了比赛的情况，同时加入了很多补充信息。这时，对战双方势均力敌，拼得很猛。第一节快结束时，李铮禁区外一个三分篮，奠定了初三（5）班的领先地位。说时迟那时快，他在落地瞬间又把脚崴了，当即就被搀扶下场。就这样，他一脸郁闷地结束了这场难得的比赛。他们班的其他队员也忍不住叹了气。但是窦童觉得，他们失望中似乎在努力憋住笑。第二节开场，窦、张二人先就李铮下场的事调侃了一番，正要把话头引回到比赛现场，王老师跑过来对两人耳语道："视频信号出问题了，现在电视没画面，只能听见你们的声音了。"两人一看教学楼，果然，楼里已经有一阵一阵的骚乱了。张元樱脑子突然乱了，说着的话戛然而止。王老师一看张元樱说不出话的样子也急了，赶紧示意窦童继续说。窦童马上反应过来，在没有画面的情况下，只能靠他俩告诉同学们球场正在发生的事儿了。好在窦童是一个爱做梦的孩子，他还经常把自己的梦描述给同学听。这时，几乎就是一种本能，窦童全神贯注，一边观察球场上的比赛，一边组织语言进行分析评论，多个步骤瞬间合成："目前比赛进行到第二节。第二节比赛刚刚开场，场上比分是初二（3）班15∶17落后。初二（3）班开场后有一些失误，7号张鹏运球时把球砸到了自己脚上。现在球权在初三（5）班。10号穆岛突破，没有机会，分到了外线，由11号刘枫转移到左侧，交篮下！4号中锋洪刚投篮，进啦！初三（5）班再得两分，目前比分是19∶15！初三（5）班领先。"整个解说一气呵成，并且持续输出各种信息。王老师在旁边看呆了，张元樱缓过神来也配合窦童开始解说。教学楼里的骚动渐渐平息了。直到第二节结束，窦童一直在细致地为大家再现赛场上的情景。第三节开始时，视频信号恢复了，窦童长舒了一口气。

梦想树

运动会结束了。顺利完成转播任务后，窦童在播音组的总结会上受到了英雄般的礼遇。陈思杰会后找到窦童，对他说："你真是个天才！"窦童没想到一直让自己感到有些自卑的优秀同学会如此褒奖自己，他心里那团快被浇灭的火又熊熊燃烧起来。

当天晚上，窦童梦到了一本金光闪闪的书。他翻开书仔细阅读："7号张鹏运球时把球砸到了自己脚上……穆岛突破，没有机会……"他发现这本书叙述的就是白天那场篮球比赛。一道金光闪过，窦童睁开眼睛，书上的文字都飘了起来，然后又逐渐聚合在一起，形成了白天篮球赛的画面。看着画面变幻，窦童似乎又回到了那个紧张激烈的赛场，心也跟着揪了起来。

知识塔

在广播体育比赛转播中，解说员对于比赛场景的描述是必不可少且非常重要的，并且一定要详细。如果是电视体育比赛转播，观众可以直接看到比赛画面，但这并不代表电视体育比赛不需要解说，解说员需要在关键时刻通过描述比赛的现场情况提醒观众注意比赛的重点。

现场解说可听性强的一个原因是，解说员直接接受比赛场景刺激并把感受描述给听众，这样的语言就会很生动。解说员在进行文稿播读时也应该力求达到这样的效果。这就需要播音员、主持人想象出文字描述的情景再像解说比赛场景那样，把想象的场景讲给听众听。

在播读文稿之前，播音员、主持人首先要根据文字进行合理想象，要让文章中的人物、事件、图景等在大脑中形成连续的、活动的画面而非一幅静止的画面。其次要感知想象这个场景中的一切，增强现场感。最后再将触景生情后生发的情绪、情感通过语言传递给受众。这样，播音员、主持人才算完成了情景再现的过程。

拓展练习

1. 选择一部喜欢的电影或电视剧或动画片，截取任意3分钟的片段。在播放时，想象你就在画面里，然后描述你的所见、所闻、所想、所感。

2. 根据下面每一句话的描述，先借助想象画几幅画，然后再进行播读。

① 霎时间，海上涌起滔天巨浪，无数海燕，冲天起舞。

② 锅里的水吱吱地响，老大娘里屋外屋地忙。烧完热水，又端饺子又端鸡蛋：香味伴着腾腾的热气在屋里弥漫。

③ 正当我们尽兴而返的时候，天渐渐黑了。霎时间，四面八方，电灯亮了，像千万颗珍珠飞上了天。这排排串串的珍珠，叫天上银河失色，叫满湖碧水生辉。

④ 我掀开帘子，看见一个小姑娘，只有八九岁光景，瘦瘦的苍白的脸，冻得发紫的嘴唇，头发很短，穿一身很破旧的衣裤，光脚穿一双草鞋，正在登上竹凳想去摘墙上的听话器，看见我似乎吃了一惊，把手缩了回来。

⑤ 筱燕秋穿着一身薄薄的戏装走进了风雪，她来到了剧场的大门口，站在了路灯下面，她看了大雪中的马路一眼，自己给自己数起了板眼。她开始唱，唱的依旧是二黄慢板转原板、转流水、转高腔。雪花在飞舞，戏场门口，人越来越多，车越来越挤，但没有一点声音。筱燕秋旁若无人，边舞边唱。她要给天唱、给地唱，给她心中的观众唱。

后　记

　　"青少年有声语言艺术系列教程"的出版得益于中国传媒大学关工委领导的大力支持，得益于北京第二外国语学院附属中学全体师生的通力合作，得益于"读起来"专项培训计划首席策划张松涛老师的倾情奉献，更得益于为本系列教程的编创任劳任怨、勤勉敬业的教学团队、科研团队和创作团队的成员们，他们是：马诚、龙煦霏、王德超、董晓婷、范乐、李莎莎、高静波、李立婷、王译萱、李元元、尚晓燕、任重远、雍欣、贺元剑、杨义、王斤伯、王中孚、胡津铭、马嘉筠、马琼茜、叶淑敏等。本系列教程编创人员的具体分工是：《青少年经典诵读艺术教程》（1—4册）由马谛、胡志刚、任重远、王德超、尚晓燕编写。其中"绕口令"部分由任重远编写，"经典诗文"部分由马谛、王德超编写，"成语故事"部分由胡志刚、尚晓燕编写。《青少年经典诵读艺术教程》（1—4册）范文音频录制分工：第一册由王译萱、高静波、叶淑敏担任范读，第二册由任重远、王译萱、李莎莎、雍欣担任范读，第三册由王译萱、任重远、高静波担任范读，第四册由任重远、贺元剑、范乐担任范读；《青少年口语表达艺术教程》（1—4册）由马谛、尚晓燕、龙煦霏、马嘉筠撰写，动画制作杨义，插图马琼茜、监审马诚；《青少年播音主持艺术教程》（1—4册）由马谛、任重远、董晓婷撰写，动画制作杨义，插图马琼茜、监审马诚。

　　在一年的编撰过程中，大家兢兢业业，尽职尽责，齐心协力，各团队之间相互帮助、相互支持，使本教程得以顺利完成。本教程的付梓真可谓凝聚了"读起来"团队全体成员的辛劳和智慧，同时也见证了我们共同的理想和珍贵的友情。

最后，我们要真挚地感谢高等教育出版社潘亚文编辑为本书的出版所做的工作，正是她的真诚友善与勤奋努力才促成了这套系列教程的问世，在此，由衷地说一声：谢谢你！

编　者

2023年9月

青少年播音主持艺术教程（三）

Qingshaonian Boyin Zhuchi Yishu Jiaocheng

内容提要:《青少年播音主持艺术教程》（三）适用于13～15岁年龄段青少年。升入初中的窦童，以出色的语言能力考入了学校广播台，开始了他的播音主持专业实践。在广播台里，窦童初步了解了广播、电视的工作内容、性质、原理、特征及其组织架构、部门设置、人员分工、流程和规章制度等，学习了播音主持的基本方法与技巧。尤其在对校运动会的实况转播中，窦童通过采访运动员、现场解说以及消息播报等实践，对播音主持创作的内、外部技巧有了更加深切的认识，专业素养得到了极大的锤炼。本册由"初闻校园广播""快乐的实习生""播音真的很难吗""运动会上显身手"四个单元共16课构成。

图书在版编目（CIP）数据

青少年播音主持艺术教程. 三 / 马谛，付晓洁主编
. -- 北京：高等教育出版社，2024.1
青少年有声语言艺术系列教程
ISBN 978-7-04-051520-6

Ⅰ.①青… Ⅱ.①马… ②付… Ⅲ.①播音 – 语言艺
术 – 青少年读物②主持人 – 语言艺术 – 青少年读物 Ⅳ.
① G222.2-49

中国版本图书馆 CIP 数据核字 (2019) 第 042289 号

策划编辑	潘亚文	郑重声明
责任编辑	潘亚文	高等教育出版社依法对本书享有专有出版权。
书籍设计	张志奇	任何未经许可的复制、销售行为均违反《中
责任校对	窦丽娜	华人民共和国著作权法》，其行为人将承担相
责任印制	高 峰	应的民事责任和行政责任；构成犯罪的，将
出版发行	高等教育出版社	被依法追究刑事责任。为了维护市场秩序，
社址	北京市西城区德外大街 4 号	保护读者的合法权益，避免读者误用盗版书
邮政编码	100120	造成不良后果，我社将配合行政执法部门和
购书热线	010-58581118	司法机关对违法犯罪的单位和个人进行严厉
咨询电话	400-810-0598	打击。社会各界人士如发现上述侵权行为，
网址	http://www.hep.edu.cn	希望及时举报，我社将奖励举报有功人员。
	http://www.hep.com.cn	反盗版举报电话
网上订购	http://www.hepmall.com.cn	（010）58581999 58582371
	http://www.hepmall.com	反盗版举报邮箱
	http://www.hepmall.cn	dd@hep.com.cn
印刷	固安县铭成印刷有限公司	通信地址
开本	787mm×1092mm 1/16	北京市西城区德外大街 4 号
印张	8.75	高等教育出版社法律事务部
字数	250 千字	邮政编码 100120
版次	2024 年 1 月第 1 版	
印次	2024 年 1 月第 1 次印刷	读者意见反馈
定价	40.00元	为收集对教材的意见建议，进一步完善教材
		编写并做好服务工作，读者可将对本教材的
		意见建议通过如下渠道反馈至我社。

本书如有缺页、倒页、脱页等质量问题，
请到所购图书销售部门联系调换
版权所有 侵权必究
物料号 51520-00

咨询电话 400-810-0598
反馈邮箱 gjdzfwb@pub.hep.cn
通信地址
北京市朝阳区惠新东街 4 号富盛大厦 1 座
高等教育出版社总编辑办公室
邮政编码 100029